LES PREMIÈRES LECTURES DE BÉBÉ

PREMIER LIVRE DE LECTURE COURANTE

POUR LES PETITS ENFANTS

OUVRAGE RÉDIGÉ CONFORMÉMENT AU DERNIER PROGRAMME OFFICIEL

A L'USAGE

Des classes enfantines et des cours élémentaires
des écoles maternelles, des écoles primaires, des lycées
et des collèges

PAR

Mᵐᵉ Hélène MONIEZ

PARIS

LIBRAIRIE CLASSIQUE EUGÈNE BELIN

Vᵛᵉ EUGÈNE BELIN ET FILS

RUE DE VAUGIRARD, Nᵒ 52

1888

SAINT-CLOUD. — IMPRIMERIE V° EUG. BELIN ET FILS.

PRÉFACE

On peut se proposer deux buts différents dans un livre de lecture : soit d'instruire les enfants par des leçons de choses, soit de travailler à leur éducation en leur racontant des histoires morales qui fassent impression sur leur cœur et sur leur esprit.

Nous nous sommes placée à ce deuxième point de vue, pensant d'ailleurs que des historiettes leur inspireraient mieux le goût de la lecture.

Ces petits récits sont gradués comme difficultés et comme longueur ; ils ont pour objet une courte leçon de morale, prise dans le programme officiel : nous avons résumé la morale, soit au commencement, soit à la fin de l'histoire, de façon que la formule en reste dans la mémoire des enfants.

En outre, la plupart de ces récits sont rédigés de telle façon qu'ils pourront être donnés comme exercice de composition dans le cours élémentaire.

Nous avons fait notre possible pour que ce petit livre soit utile aux instituteurs et aux institutrices, sans oser toutefois nous flatter d'avoir atteint ce but, puisqu'il nous reste encore à recevoir les critiques ou les encouragements des maîtres dévoués qui, consacrant leur vie à l'instruction des enfants, sont nos meilleurs juges.

EXTRAITS DES PROGRAMMES OFFICIELS DE 1882

COURS ÉLÉMENTAIRE

I

**L'enfant dans la famille. Devoirs envers les parents
et les grands-parents, 10.**

Obéissance, 46; respect, 42; amour, reconnaissance, 1, 2, 6, 7.
Aider les parents dans leurs travaux; les soulager dans leurs maladies; venir à leur aide dans leurs vieux jours, 6, 15.

Devoirs des frères et sœurs.

S'aimer les uns les autres, 3, 8, 11; protection des plus âgés
à l'égard des plus jeunes, 13, 33, 44; action de l'exemple, 9.

L'enfant dans l'école.

Assiduité, docilité, travail, 18, 19, 26, 27, 38; devoirs envers
l'instituteur, 32; envers les camarades, 20.

II

La patrie, 43.

III

Devoirs envers soi-même.

Le corps : propreté, 35. *Les biens extérieurs :* économie, 12,
25; travail, 5, 26 (ne pas perdre de temps, obligation du travail
pour tous les hommes), 16, 29, 34, 38.

L'âme : véracité et sincérité, 17, 21, 22, 37, 40, 45, 48; courage, 33; traiter les animaux avec douceur, 14.

IV

Devoirs envers les autres hommes.

Justice et charité, 4, 25, 30, 31, 36, 48 (ne faites pas à autrui
ce que vous ne voudriez pas qu'on vous fît; faites aux autres ce
que vous voudriez qu'ils vous fissent), 28, 31, 36, 39; bonté, fraternité, 23, 24, 31, 32, 36, 48.

V

Devoirs envers Dieu, 15, 48.

Développer le sentiment religieux des enfants, en leur faisant
contempler quelques grandes scènes de la nature, 41.

PREMIÈRES LECTURES DE BÉBÉ

PREMIER LIVRE DE LECTURE COURANTE
Pour les petits enfants

PREMIER RÉCIT MORAL SUR LA FAMILLE

1. — Aimez bien votre mère.

Le petit frère de Jean fait ses dents et il ne cesse de pleurer.

Sa maman le promène toute la nuit et toute la journée en chantant.

Aimez bien votre maman.

— Pauvre maman, dit Jean, tu dois être bien fatiguée! Petit frère est un méchant!

— Mais quand tu étais petit, Jean, tu m'as donné autant de peine que ton frère.

— Aussi, je t'aime bien, maman, dit tendrement l'enfant, et je m'efforcerai toujours d'être sage pour que tu sois contente.

DEUXIÈME RÉCIT MORAL SUR LA FAMILLE

2. — Faire plaisir à maman.

Jacques est un brave petit garçon de cinq ans, qui aime bien sa maman.

L'autre jour, il se promenait avec Alfred, et les deux enfants s'amusaient beaucoup à cueillir des fleurs et à courir après les papillons.

— Il faut que je rentre, dit tout à coup Jacques.

— Déjà, s'écria Alfred, il fait si beau !

— J'aimerais bien me promener encore, mais maman est seule et cela lui fera plaisir si je rentre de bonne heure.

Faire plaisir à maman.

Chers enfants, imitez la conduite de Jacques : sachez quelquefois sacrifier vos plaisirs en songeant à vos parents.

3. — Je n'irai pas seul !

— J'ai rapporté deux billets pour le cirque, dit papa en rentrant. Félix et Bébé iront.

Je n'irai pas seul!

— Malheureusement, Bébé ne peut pas sortir aujourd'hui, répond maman, car il tousse beaucoup. Félix ira seul cette fois-ci.

Bébé a le cœur bien gros en entendant la réponse de sa mère.

— Amuse-toi bien, dit-il à Félix, en soupirant.

— Oh! mais je n'irai pas, s'écria Félix : je ne pourrais pas m'amuser, pendant que tu t'ennuieras tout seul ici.

— C'est bien, mon garçon, dit papa, tu agis comme un bon frère, en sacrifiant ton plaisir pour tenir compagnie à Bébé.

———

PREMIER RÉCIT SUR LES DEVOIRS ENVERS AUTRUI

4. — Soyez charitables.

— Donnez au malheureux, disait la voix plaintive du petit pauvre.

Bébé regarda sa tartine de

confitures, mais ses yeux s'en détournèrent bien vite, et il dit :

— Maman, veux-tu me donner un sou ?

— Tu sais bien, mon enfant, que la véritable charité consiste à se priver pour les autres.

Soyez charitables.

Bébé porta donc sa tartine, non sans éprouver un petit sentiment de regret qui se changea tout de suite en une joie très vive, quand il vit le bonheur du petit pauvre.

5. — Bébé et l'alphabet.

Petits enfants, instruisez-vous.

— Que c'est donc ennuyeux d'apprendre à lire, disait Bébé en pleurant.

Et jetant son livre, il va jouer. Mais bientôt le jeu fatigue Bébé, qui revient près de sa mère, en

Pour savoir, il faut apprendre.

lui disant d'un ton câlin :

— Petite mère, veux-tu me lire une des histoires de mon livre de lecture ?

— Oh ! non, mon petit, c'est trop ennuyeux de lire.

— Mais maman, quand on sait, c'est très amusant !

— Eh bien ! rappelle-toi, mon enfant, que toute peine porte avec elle sa récompense : *Pour savoir, il faut apprendre.*

———

QUATRIÈME RÉCIT MORAL SUR LA FAMILLE

6. — Papa travaille pour vous.

Papa travaille beaucoup : il est parti ce matin à quatre heures pour les champs et il vient seulement de rentrer.

Aussi, est-il bien fatigué, le pauvre papa !

Tous les enfants courent à sa rencontre pour l'embrasser.

Papa s'assied et Petit-Pierre, le plus jeune enfant, grimpe sur ses genoux.

———

Papa travaille pour vous (*suite*).

— Pourquoi travailles-tu tant, papa ? demande Petit-Pierre.

— C'est afin de pouvoir vous nourrir, vous habiller et vous donner quelquefois des jouets,

Votre bonne conduite me fait oublier mes fatigues.

que votre père travaille tant, dit maman.

— Mon père, dit l'aîné des enfants, j'ai bien travaillé à l'atelier et j'espère pouvoir bientôt vous aider.

— Moi aussi, j'ai bien travaillé, dit Marie, j'ai cousu la robe de Pierre.

— J'ai bien travaillé aussi, papa, s'écrie Petit-Pierre, j'ai fait tout seul cette page d'écriture.

— Soyez bénis, mes enfants, dit papa, car votre tendresse et votre bonne conduite me font oublier mes fatigues.

Si petits que vous soyez, enfants, vous pouvez déjà

récompenser vos parents de toute la peine qu'ils se donnent pour vous *en travaillant bien et en vous montrant affectueux.*

—

CINQUIÈME RÉCIT MORAL SUR LA FAMILLE

7. — La croix de Paul.

Soulagez vos parents dans leurs chagrins.

Depuis quelque temps, les parents de Paul sont bien tristes. Papa ne sourit plus et maman pleure souvent.

Paul est encore trop petit pour comprendre les chagrins de ses parents, mais en les voyant si tristes, il s'est dit :

— Oh ! je vais bien travailler pour faire plaisir à papa et à maman.

Et la semaine suivante, Paul est rentré en disant :

La croix de Paul.

— Papa, maman, ne soyez plus tristes, j'ai la croix !

Depuis ce jour-là, chaque fois que les parents regardent la croix de Paul, ils oublient un peu leur chagrin, tant ils sont heureux de voir que leur enfant fait tous ses efforts pour leur faire plaisir.

SIXIÈME RÉCIT MORAL SUR LA FAMILLE

8. — C'est moi, papa !

Deux petits enfants jouent autour d'une table : Ludovic court et Michel doit l'attraper.

Mais voilà qu'au beau milieu du jeu, la table, poussée par les enfants, tombe en entraînant tout ce qui se trouvait dessus.

En entendant ce vacarme, les parents accourent.

Et, au milieu du silence général, Michel s'écrie :

— Papa, ne gronde pas Ludovic, c'est moi qui ai renversé la table.

— Non, c'est moi, affirme Ludovic.

— C'est un peu tous les deux, je pense, répondit papa, en souriant ; mais nous vous pardonnons bien volontiers, car vous agissez

C'est moi, papa !

comme de bons frères en vous accusant chacun.

————

9. — Je fais comme Jacques.

Jacques s'amuse souvent à faire des trous dans le plâtre

qui recouvre les murs de la cuisine, sans prendre garde que ses parents devront payer les dégradations.

Or, son petit frère, Alfred, un bébé de quatre ans, l'ayant vu se livrer à ce joli jeu, s'empresse de l'imiter.

Par malheur, il est surpris par papa.

— Que fais-tu là ? lui dit-il, sévèrement.

Alfred a tout d'abord envie de pleurer, puis il s'écrie :

— Je fais comme Jacques, papa !

Et papa gronde sévèrement Jacques et non Alfred, *car les aînés doivent toujours montrer le bon exemple aux plus jeunes.*

10. — La promenade de grand-papa.

Soyez prévenants pour vos grands-parents.

On danse, on joue du piano, on s'amuse bien chez Jeanne.

Cependant Alice, une des petites invitées, se dirige vers la porte.

— Il faut que je parte, dit-elle à Jeanne.

— Reste encore un peu, nous allons goûter.

— Je le voudrais bien, mais il faut que j'accompagne

grand-papa à sa promenade, car il n'y voit plus très bien.

— Tu partiras après le goûter.

— Oh ! non, ce serait bien mal de faire attendre mon cher grand-papa, pour satisfaire mon plaisir.

Et l'aimable petite fille partit en courant.

———

11. — Le livre de Gabrielle.

L'autre jour, Gabrielle et Marcel allèrent voir leur tante Pauline.

Celle-ci montra aux enfants deux jolis livres, ornés de

belles gravures coloriées, en disant :

— Choisis, Gabrielle, puisque tu es la plus grande.

Gabrielle choisit le livre qui lui plaisait le mieux : précisément celui que Marcel convoitait.

Changeons, petit frère.

Il n'en remercia pas moins gentiment sa tante, mais Gabrielle avait vu son chagrin.

— Changeons, petit frère, veux-tu, dit-elle.

— Oh ! comme tu es gentille, s'écria Marcel tout joyeux.

Enfants, il faut savoir céder à vos petits frères et sœurs.

—

12. — Ayez soin de vos vêtements.

Bébé n'a aucun soin de ses vêtements : l'autre jour, il a déchiré sa belle robe et il a jeté son chapeau neuf dans la boue.

Ayez soin de vos vête-
ments.

Vous jugez en quel piteux état il était en rentrant.

Le jour de la fête arrive : on doit aller se promener.

— Eh bien ! maman, tu

ne t'habilles pas, demande
Bébé.

— Mais non, mon petit, j'a-
vais bien envie de sortir,
mais il faut que je raccom-
mode tes habits.

— Pauvre maman, dit tris-
tement Bébé, je ne savais pas
te donner tant de peine. *Oh !
je te promets d'avoir désormais
grand soin de mes vêtements.*

---

13. — Bébé et sa sœur.

Maman est sortie et Bébé
en profite pour être mé-
chant.

— Bébé, il faut aller te coucher, lui dit Lucie, sa sœur aînée.

— Je ne veux pas !

— Allons, viens !

Et Lucie veut prendre Bébé par le bras, mais Bébé se met à frapper du pied.

— Je ne veux pas t'obéir, tu n'es pas maman !

Bébé et sa sœur.

A ce moment même, papa entre.

— Quand Lucie t'amuse, dit-il, quand elle t'endort en chantant ou en te racontant de belles histoires, ne remplace‑t‑elle pas ta mère?

— Si, dit Bébé un peu confus.

— Eh bien! alors, tu dois lui obéir comme tu obéis à ta maman.

———

14. — Méchant Minet!

Bébé s'amuse à tirer la queue de son petit chat, mais le jeu n'est pas du goût de Minet qui pousse des *miaulements* douloureux.

Méchant Minet!

Bébé, que les cris de Mi‑

net amusent, tire plus fort.

Minet perd patience et griffe Bébé.

Bébé pleure et maman accourt.

— Méchant Minet! dit Bébé en montrant sa main.

— Je vais le corriger.

Et maman s'avance vers le chat, mais Bébé s'écrie :

— Maman, je lui ai tiré un peu la queue!

— Si tu ne lui avais pas fait de mal, il ne t'aurait pas griffé. *Veux-tu que les animaux t'aiment, traite-les avec douceur.*

15. — Adèle fait sa prière.

Maman est malade : elle a une grosse fièvre et elle vient de se coucher.

La petite fille, Adèle, est toute seule pour la soigner.

Et elle se désespère.

— Oh ! si papa ou Jeanne était là, se dit-elle. Que faire, ainsi toute seule ?

Alors Adèle pense à Celui qui est toujours avec nous et qui, du haut du ciel, voit nos joies et nos douleurs :

Elle fait sa prière.

Et, quand elle a prié, la confiance lui vient, elle sent

qu'elle a moins peur et soigne très bien sa maman jusqu'au retour de son père.

Petits enfants, Dieu vous aime, priez-le.

---

16. — Tu me l'as prise !

Marthe ne peut pas sortir, parce qu'elle a perdu la clef de son armoire à robes.

Tu me l'as prise !

— Alfred, est-ce toi qui as pris ma clef ? demande-t-elle à son frère.

— Tu l'as, bien sûr, oubliée n'importe où, comme d'habitude, répond Alfred.

— Mais non, hier je ne suis allée qu'à la fontaine..... Ah ! s'écrie tout à coup Marthe, et elle part comme un trait.

Cinq minutes après, elle revient avec la clef.

— Je l'avais mise par terre pour pomper plus commodément.

— *Et voilà comment*, dit Alfred, *quand on n'a pas d'ordre, on accuse les autres de sa négligence.*

17. — Flavie a mauvais caractère !

— Voilà la maman de Louise qui désire vous voir, disait la mère d'Antoinette et de Flavie à ses deux filles.

Antoinette, qui est une aimable enfant, se lève aussitôt, le visage déjà souriant, mais Flavie a mauvais caractère et cela l'ennuie de quitter son jeu.

— Si encore elle amenait Louise, dit Flavie, en faisant la moue, cela ne me ferait rien d'être dérangée !

Mais la maman de Louise

avait entendu cette peu aimable réponse.

— Je venais justement vous
inviter à passer la journée
avec ma fille, mademoiselle
Flavie, mais je ne veux pas
vous déranger, et Antoinette,
qui est si gentille, viendra
seule.

PREMIER RÉCIT SUR L'ÉCOLE

18. — Je veux aller à l'école.

La petite Lucette pleure
chaque fois qu'on parle de
l'envoyer à l'école, aussi ne
sait-elle pas encore lire, bien
qu'elle ait cinq ans passés.

L'autre jour, Lucette va

passer la soirée chez sa petite amie Amélie.

Toute la famille d'Amélie était réunie autour de la table : maman et grand'maman cousaient, et papa s'amusait à tresser une corbeille.

Et tout en travaillant, on écoutait attentivement

Je veux aller à l'école.

la petite Amélie, qui lisait à haute voix dans un gros livre.

La maman de Lucette, émerveillée d'entendre Amélie lire si bien, demande son âge.

— Elle n'a que six ans, répond sa mère, mais elle a voulu aller en classe de bonne heure : c'est une enfant si courageuse ! si vous saviez, madame, combien je suis heureuse de la voir ainsi !

En écoutant ces paroles et en voyant sa mère la regarder tristement, Lucie eut honte de sa paresse :

— Et moi aussi, maman, dit-elle, *je veux maintenant aller à l'école et apprendre à lire.*

———

DEUXIÈME RÉCIT SUR L'ÉCOLE

19. — La classe.

Lucette va partir pour l'école : elle a bien du chagrin de quitter sa mère !

Elle craint aussi de paraître bien ignorante auprès de ses petites compagnes.

Les enfants entrent en classe, et Lucette remarque qu'ils paraissent aussi fort tristes.

Seules, les grandes élèves de l'année dernière, sont contentes de revenir à l'école.

La maîtresse commence la leçon : elle parle de Dieu, des parents, de tout ce que les enfants aiment bien.

Bientôt les larmes se sèchent et les enfants redeviennent même souriants.

Lucette trouve que la leçon n'est pas difficile et elle ren-

tre enchantée de sa première
journée de classe.

TROISIÈME RÉCIT MORAL SUR L'ÉCOLE

20. — La leçon de Julien.

Julien est assis devant la
porte de sa maison : il étudie
sa leçon dans
son premier li-
vre de lecture.
Mais la leçon
est bien diffi-
cile et il y a
beaucoup de

La leçon de Julien.

mots que Julien ne comprend
pas.

Alors le petit garçon se
met à pleurer.

Heureusement, son petit

camarade de classe, Albert, vient à passer.

— Tu as du chagrin? lui demande-t-il.

— Oh! oui, je ne comprends pas ma leçon.

— Je vais t'aider, dit Albert, qui était plus avancé que Julien.

Et il lui expliqua si bien sa leçon, qu'une demi-heure après Julien la savait parfaitement.

Petits écoliers, il faut savoir s'entr'aider.

———

CINQUIÈME RÉCIT SUR LES DEVOIRS ENVERS SOI-MÊME

21. — La construction mécanique.

Le père de Louis et d'Albert leur avait acheté à cha-

cun une feuille de construction mécanique qui, étant
terminée, devait figurer un
écureuil tournant dans sa
cage.

Or, Louis é-
tait patient,
mais Albert
ne l'était pas.
Louis étu-
dia tout d'a-
bord le texte

La construction mécanique.

explicatif, puis il se mit à
l'œuvre tout doucement.

Tandis qu'Albert, sans rien
lire, découpa étourdiment la
cage, dont il mit les barreaux
en pièces. Il s'impatienta
alors contre son travail, au-
quel il renonça bientôt.

Le soir, Louis apporta à son père une construction très bien réussie.

Albert comprit alors *qu'avec de la patience on vient à bout des choses les plus difficiles.*

---

22. — Les six cerises.

Octave est très gourmand, et, comme il monte très bien aux arbres, le cerisier de sa maman reçoit souvent, trop souvent, sa visite.

Les six cerises.

Or, l'autre jour, maman

ayant du monde à dîner, se dit :

— Voici une bonne occasion d'utiliser mes cerises.

Et elle se rendit au jardin, munie de son plus grand saladier.

La récolte ne fut pas longue et elle revint quelques minutes après avec six cerises au fond du saladier.

Maman ne fit pas de reproches à Octave, mais au dessert elle passa une assiette sur laquelle s'étalaient six cerises, et elle raconta comment il se faisait qu'il n'y en eût pas davantage.

Vous pensez comme Octave eut honte de sa gourmandise.

23. — Le polichinelle d'Adolphe.

Adolphe est bien content : on vient de lui donner un beau polichinelle aux couleurs éclatantes.

Le polichinelle d'Adolphe.

Son ami René vient le voir et Adolphe s'empresse de lui montrer son jouet.

René regarde le polichinelle avec envie, car ses parents sont pauvres et l'enfant n'a jamais de joujoux.

Mais Adolphe s'aperçoit de la tristesse de René.

— Je te le donne, dit-il aimablement.

Le bonheur de René fut si grand qu'Adolphe s'en sentit tout réjoui. Son polichinelle, jusqu'ici, ne lui avait pas encore procuré une joie aussi vive.

Cette joie, vous pouvez tous la ressentir, enfants.

Il suffit de savoir vous priver à l'occasion pour faire plaisir aux autres.

———

TROISIÈME RÉCIT SUR LES DEVOIRS ENVERS AUTRUI

24. — Elles n'ont plus ni père ni mère !

L'autre jour, Charlotte était allée se promener avec sa maman.

Tout à coup, l'enfant vit passer une troupe de petites filles qui marchaient deux par deux, sous la surveillance d'une religieuse.

Charlotte contempla un instant leur uniforme gris, puis elle dit :

— Comme ces petites filles ont l'air triste, maman !

— C'est que les pauvres enfants sont bien malheureuses, elles n'ont plus ni père ni mère.

— Oh! mon Dieu, s'écria Charlotte avec effroi, et alors qui donc les soigne ?

— Quand les orphelins n'ont plus de parents du tout, ils sont recueillis dans des maisons spéciales. Là ils sont élevés, soignés, instruits. Mais si dévoués que soient les soins qu'on leur donne, ils ne remplacent jamais ceux de la mère.

Aussi, souviens-toi, Charlotte, que s'il y a des orphelines parmi tes compagnes, il faut être bonne pour elles, encore plus que pour les autres.

— Oh! oui, maman, je te le promets, dit Charlotte toute pensive, en se serrant contre sa mère.

—————

SEPTIÈME RÉCIT SUR LES DEVOIRS ENVERS SOI-MÊME

25. — Maman m'en achètera d'autres.

— Viens, Étienne, ne marchons pas sur les cailloux, nous déchirons nos souliers, disait Blaise au petit Étienne.

— Oh! si les miens sont troués, je n'en serai pas fâché, car maman m'en achètera d'autres.

— Et avec quoi ta maman t'achète-t-elle des souliers?

— Tiens! avec de l'argent!

— Et où prend-elle cet argent?

— C'est l'argent des pains que papa vend.

— Qui est-ce qui les fait, ces pains?

— C'est papa, il se lève tous les jours à quatre heures pour pétrir.

Maman m'en achètera d'autres.

— Et quand ton papa se donne tant de peine pour gagner de l'ar-

gent, tu le gaspilles en usant ex-
près tes souliers?

— C'est vrai, dit Étienne, tout
pensif, oh! maintenant je vais de-
venir économe.

———

26. — Enfants, instruisez-vous.

Marie se rend bien doucement
à l'école, car cela l'ennuie d'apprendre à lire.

Elle rencon-
tre Jeannette,
qui est domes-
tique dans une
ferme voisine.
Jeannette,
tout en mar-

Enfants, instruisez-vous.

chant, a les yeux fixés sur un
livre qu'elle tient à la main.

— Veux-tu me lire cette phrase, dit-elle à Marie.

— Je ne sais pas encore lire, répond Marie en rougissant.

Jeannette paraît bien ennuyée.

— Il y a quelques années, dit-elle, l'école coûtait cher, et mes parents n'étaient pas assez riches pour m'y envoyer. Mais maintenant que je suis grande, je regrette tellement de ne pas savoir lire, que je m'exerce à apprendre toute seule.

— Je te promets, s'écria Marie, que le courage de Jeannette avait émerveillée, de bien travailler désormais, afin de pouvoir bientôt t'apprendre à lire.

QUATRIÈME RÉCIT MORAL SUR L'ÉCOLE

27. — Gilbert est exact.

Gilbert s'éveille et il frissonne, dans ses chaudes couvertures, en entendant les vitres qui tremblent sous les rafales de neige.

— Comme il fait noir, se dit-il, il ne doit pas être plus de cinq heures.

Gilbert est exact.

Mais tout à coup il entend un tintement : c'est la pendule qui sonne. Gilbert écoute et compte six coups.

— Mon Dieu, se dit-il, je vais être en retard !

Et le petit garçon, sautant à bas du lit, s'habille en un tour de main.

C'est que Gilbert demeure à une grande heure de l'école, et malgré cela, il est toujours exact, quelque temps qu'il fasse.

Aussi l'instituteur le cite-t-il comme un modèle aux petits paresseux qui, demeurant tout près, arrivent souvent en retard.

———

QUATRIÈME RÉCIT SUR LES DEVOIRS ENVERS AUTRUI

28. — La pelote d'Angèle.

— C'est bien ennuyeux, je n'ai pas de son pour bourrer ma pelote, se disait la petite Angèle.

Et elle regardait tristement une belle pelote rouge qu'elle venait de terminer.

Mais tout à coup elle aperçoit la poupée de sa grande sœur.

— Je vais lui prendre un peu de son, se dit-elle.

Et, munie de grands ciseaux, elle s'apprête à découdre la poupée, quand maman entre.

Maman interroge Angèle, qui est obligée d'avouer ce qu'elle allait faire.

— Si Élisa prenait le son qui bourre ta poupée, serais-tu contente ? demande maman.

— Oh ! non.

— Eh bien ! mon enfant, souviens-toi qu'*il ne faut jamais faire aux autres ce que vous ne voudriez pas qu'on vous fît.*

———

NEUVIÈME RÉCIT SUR LES DEVOIRS ENVERS SOI-MÊME

29. — Anna s'ennuie !

C'était pendant les vacances,

Anna s'amusait depuis le matin : elle avait d'abord eu beaucoup de plaisir, mais maintenant elle commençait à s'ennuyer.

Laissant là ses jouets, elle alla se promener dans le jardin et vit Thérèse, la fille de la bonne, qui cueillait de la salade.

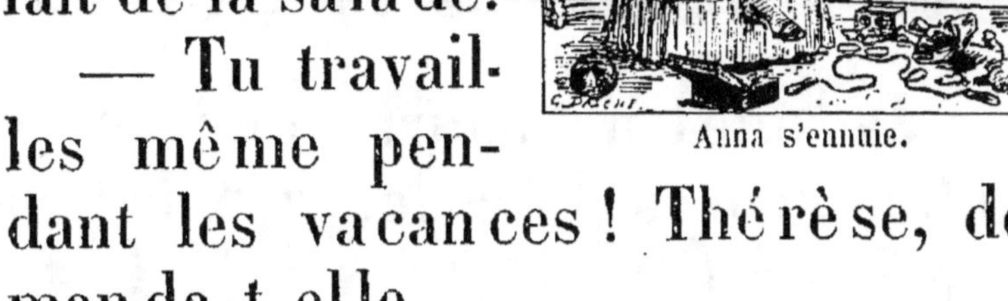
Anna s'ennuie.

— Tu travailles même pendant les vacances ! Thérèse, demanda-t-elle.

— Mais oui.

— Oh ! comme tu dois te trouver malheureuse !

— Je vous assure que non, mademoiselle : je suis si contente de pouvoir aider maman.

Et puis, en travaillant, le temps passe si vite qu'on ne s'ennuie jamais.

— *En travaillant, on ne s'ennuie jamais*, répétait Anna. Oh! c'est bien vrai, cela, puisque moi qui joue toute la journée, je m'ennuie tant!

———

CINQUIÈME RÉCIT SUR LES DEVOIRS ENVERS AUTRUI

30. — Jacqueline est en retard.

Jacqueline court pour arriver plus vite à l'école, car elle est en retard.

Mais tout à coup Jacqueline s'arrête : elle vient d'apercevoir au milieu de la rue une petite fille qui pleure à chaudes larmes.

Jacqueline a bon cœur, et, en voyant le chagrin de l'enfant, elle l'interroge : la petite fille est égarée et elle ne sait plus retrouver sa maison.

Jacqueline la reconduit chez elle, à la grande joie de sa mère, qui la cherchait déjà partout.

Elle arrive en retard à l'école et supporte les reproches de sa maî-

Jacqueline est en retard.

tresse, sans rien lui dire pour se disculper.

Mais Jacqueline était heureuse de ce qu'elle avait fait, et elle ne travailla jamais de si bon cœur que ce matin-là.

Enfants, le vrai mérite d'une bonne action est de ne pas s'en vanter.

31. — Montez, madame !

Lucien a fait beaucoup de commissions et il revient bien fatigué : il marche péniblement, quand tout à coup il aperçoit la lumière rouge de l'omnibus.

Montez, madame !

— Quel bonheur, se dit-il, je vais prendre l'omnibus pour rentrer.

Et il se met à courir pour l'atteindre. Derrière lui marche une vieille femme qui se presse, elle aussi, pour arriver à l'omnibus.

Lucien est poli, aussi se range-t-il pour la laisser passer.

— Il ne reste qu'une place, crie le conducteur.

Lucien regarde la vieille femme, qui s'appuie péniblement sur un bâton.

— Montez, madame, dit-il obligeamment.

— Et vous, mon enfant?

— Oh! moi, j'irai à pied, je ne suis pas fatigué.

Lucien, en effet, ne se sent plus fatigué, et il continue son chemin allègrement.

———

CINQUIÈME RÉCIT SUR L'ÉCOLE

32. — Aimez bien votre maître.

Nous sommes à la veille d'un congé : Monsieur l'instituteur se sent un peu souffrant, mais il donne quand même sa leçon.

Aucun des enfants n'a remarqué sa pâleur, ni son air fatigué, et, comme le maître n'a pas la force de les gronder, ils sont encore plus insupportables que d'habitude.

Aimez bien votre maître.

Quand les enfants revinrent à l'école, l'après-midi, la classe ne pouvait avoir lieu, parce que le maître était très malade.

Les enfants se rappelèrent leur conduite du matin et ils furent bien honteux.

— Va, dirent-ils à Étienne, un des grands élèves de la classe, va dire à notre cher maître que nous regrettons bien d'avoir été si méchants toute la matinée.

Le maître était bien triste en songeant à la conduite de ses élèves, et il reçut avec joie le témoignage d'affection qu'Étienne venait lui apporter de la part de ses camarades.

Enfants, aimez bien le maître dévoué qui vous consacre son temps et son travail.

———

DIXIÈME RÉCIT SUR LES DEVOIRS ENVERS SOI-MÊME

33. — Le cheval échappé.

Léon et Henri se promènent avec leur petite sœur Anne.

Les enfants arrivent devant un large trou que des ouvriers creusent.

— Saute, dit Léon à Henri.

— Oh ! non, j'ai peur.

— Petit poltron, tu.....

Mais Léon n'a pas le temps de continuer : un cheval échappé arrive au galop dans la rue étroite.

— Oh ! mon Dieu, s'écrie Léon en s'enfuyant.

Le cheval échappé.

Resté seul avec sa petite sœur qui ne peut courir, Henri ne perd pas une minute : il la met tout contre le mur et se place devant elle.

Le cheval passe au triple galop; il frôle Henri en passant, mais les enfants n'ont aucun mal. Le brave garçon, tout joyeux, embrasse sa petite sœur, tandis que Léon, passablement penaud, sort d'une rue voisine.

Enfants, ne vous vantez jamais, mais sachez montrer du courage quand cela est nécessaire.

---

34. — Comment la bavarde oublie l'heure.

C'est demain, jeudi, grand concours de géographie, et la maîtresse a donné l'après-midi pour reviser les leçons.

Lucienne a déjà été plusieurs fois première, et elle espère bien encore l'être cette fois-ci pour avoir le prix d'excellence.

Mais au moment d'étudier sa géographie, elle s'aperçoit qu'elle a oublié son livre.

Lucienne court emprunter celui d'Émilie, puis elle cause avec celle-ci et lui raconte ses succès.

— Je serai encore première demain, dit-elle, car je vais bien étudier ma leçon.

La bavarde oublie l'heure.

Mais Lucienne est fort bavarde et elle a compté sans ce défaut.

Elle cause tant et si bien qu'elle ne part qu'à la nuit.

Elle se dépêche d'étudier, mais vous connaissez le dicton : *Rien ne sert de se presser, il faut s'y prendre à temps.*

Lucienne put en vérifier l'exactitude et elle se promit bien d'être désormais moins bavarde.

35. — Alice ne s'est pas lavée.

Enfants, soyez propres.

Alice n'aime pas se laver, surtout en hiver, l'eau froide lui fait peur.

Aussi ne manque-t-elle jamais de pleurer chaque fois que sa maman procède à sa toilette.

L'autre jour, maman est obligée de sortir, mais elle recommande bien à Alice de se laver.

Alice promet. Elle commence, en effet, par tremper sa serviette dans l'eau, mais l'eau est si froide qu'elle ne peut se décider à passer sur son visage le linge mouillé.

Soyez propres.

En arrivant en classe, elle re-

4

marque que ses compagnes ont l'air de se moquer d'elle.

Elle s'approche de sa maîtresse pour l'embrasser, mais celle-ci, l'écartant du geste, lui montre la glace accrochée au mur.

Alice se regarde et devient rouge de honte en voyant son visage barbouillé.

Mais la leçon n'a pas été perdue : à partir de ce jour-là, on ne vit pas d'enfant plus propre et plus soigneuse que la petite Alice.

———

SEPTIÈME RÉCIT SUR LES DEVOIRS ENVERS AUTRUI

36. — Ernest est bon.

Ernest revient de l'école et il court tout joyeux embrasser son père.

— Tu parais bien content, lui dit papa, tu as donc eu un bon point ?

— Oh ! non, papa, j'ai même été

grondé parce que je suis arrivé en retard.

— Mais c'est très mal, cela, dit papa, d'un ton sévère.

— Ce n'est pas ma faute, j'ai rencontré la petite Lise qui courait tout en pleurant : sa mère était malade et elle avait été obligée de la laisser seule pour aller chercher le médecin. J'y suis allé à sa place.

La mère de Lise était malade.

C'est sans doute parce que j'ai rendu service à Lise que je suis content.

— Et moi aussi, dit papa, je suis bien content, car je vois que mon fils sait mettre en pratique cette belle maxime :

Faites aux autres ce que vous voudriez qu'ils vous fissent.

37. — Soyez prudents !

Plusieurs petits enfants glissent sur une mare gelée. L'un d'entre eux, Édouard, s'éloigne peu à peu du bord.

— Ne va pas si loin, lui crie Pierre, la mare n'est pas bien prise au milieu.

Soyez prudents !

— Ah ! bah ! il n'y a pas de danger, répond Édouard, qui n'a jamais peur de rien.

Et, sans vouloir écouter les conseils de Pierre, il s'éloigne en patinant.

A un certain moment, il lui semble que la glace craque sous ses pieds.

Edouard avance plus lentement,

mais tout à coup la glace cède sous son poids et le malheureux enfant disparaît en poussant un cri terrible.

Pierre l'entend et s'élance à son secours : arrivé au bord du trou, il n'hésite pas à se plonger dans l'eau glacée et parvient à saisir Édouard par ses vêtements.

Mais il ne peut réussir à regagner le bord, et le courageux enfant allait infailliblement se noyer si plusieurs personnes n'étaient arrivées à son secours.

Édouard et Pierre restèrent longtemps malades.

Mais Édouard a enfin compris que *nous n'avons pas le droit de risquer par notre imprudence, non seulement notre vie, mais encore celle des autres.*

———

38. — Soyez attentifs en classe.

Maurice serait un très bon élève, s'il était un peu plus attentif.

Seulement, en classe, il pense à toutes sortes de choses, excepté à ce que dit Monsieur l'Instituteur.

Et il ne sort de sa rêverie que pour faire les réponses les plus biscornues.

L'autre jour, pendant une inspection, Maurice s'é-

Soyez attentifs en classe.

tait bien promis d'être attentif, mais, au bout d'un quart d'heure, il ne pensait plus à Monsieur l'Inspecteur.

— Dites - moi, mon enfant, quel nom donne-t-on

en musique aux différentes espèces de notes ?

Maurice n'avait pas entendu.

— Maurice ? dit l'Instituteur.

Maurice tressaillit.

— Monsieur l'Inspecteur vous demande le nom des différentes espèces de notes.

Maurice, qui n'avait pas bien écouté la dernière leçon de solfège, répondit en hésitant :

— La blanche, la noire, puis, voyant le sourire encourageant de l'Inspecteur, et la rose, ajouta-t-il.

Maurice s'arrêta : tous ses camarades avaient éclaté de rire, et l'Inspecteur lui-même riait. Maurice devint tout rouge, en réfléchissant à ce qu'il avait dit.

Mais, depuis ce jour-là, Maurice *écoute très attentivement ses leçons et ne répond plus étourdiment.*

39. — Elle n'est pas à nous !

Robert et Raymond, son frère aîné, se promènent dans un parc.

Le petit Robert voit de belles fleurs dans les plates-bandes.

— Je vais en cueillir une pour maman, dit-il.

Et déjà il s'avance, la main tendue, mais Raymond l'arrête :

— Cette fleur n'est pas à nous, dit-il.

Robert, interdit, regarde son frère.

— Mais le parc est à tout le monde !

— Tu vois donc bien que tu n'as pas le droit de prendre cette fleur; puisqu'elle appartient à tout le

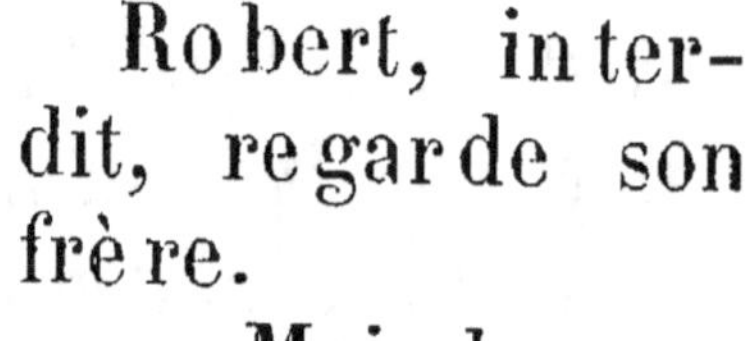

Le gardien s'oppose à ce que l'on cueille les fleurs.

monde, il ne faut pas en priver les autres :

Si tous les petits enfants qui viennent dans ce parc cueillaient chacun une fleur, il n'en resterait plus pour réjouir la vue des promeneurs.

Aussi, dans chaque jardin public, il y a des gardiens qui s'opposent à ce qu'on cueille les fleurs.

— C'est donc voler? dit Robert, avec effroi.

— Mais oui ! *Chaque fois qu'on prend quelque chose qui ne vous appartient pas, ne serait-ce qu'une fleur, on commet un vol.*

Rappelle-toi cela, Robert.

———

40. — Clotilde est étourdie !

Clotilde passait sur la route, quand tout à coup elle s'entendit appeler. Elle se retourna et vit Mariette.

— Maman et papa doivent passer la nuit chez ma tante, lui dit Mariette. Veux-tu, en allant en ville, leur dire de revenir tout de suite, car petit frère me paraît un peu malade.

Clotilde promit de s'acquitter de la commission, mais la petite fille était fort étourdie, et bientôt elle cessa d'y penser.

— Chemin faisant, elle rencontra plusieurs petites compagnes qui causèrent avec elle, et Clotilde oublia de s'arrêter chez la tante de Mariette.

L'enfant resta malade pendant plusieurs jours.

Ce fut seulement au moment de se coucher qu'elle y pensa ; elle courut chez la tante et raconta tout aux parents.

Les parents, très inquiets, partirent tout de suite, mais quand ils arrivèrent, le petit enfant avait déjà la fièvre.

Le médecin, appelé en toute hâte, déclara qu'il était trop tard pour l'arrêter, et l'enfant resta malade pendant plusieurs jours.

Clotilde fut très effrayée en apprenant les graves conséquences de son étourderie.

Aussi, maintenant, n'oublie-t-elle plus rien, et, *quand on lui donne une commission, elle y pense jusqu'à ce qu'elle s'en soit acquittée.*

DEUXIÈME RÉCIT SUR LES DEVOIRS ENVERS DIEU

41. — Grandeur des œuvres de Dieu!

Marguerite, une petite fille de cinq ans, va se promener avec son grand frère René.

Les champs sont remplis de fleurs,

et Marguerite en cueille de gros bouquets pour les rapporter à sa mère.

Tout à coup, Marguerite voit sur un brin d'herbe une jolie petite bête.

— Regarde, dit-elle à René, la jolie mouche !

— Ce n'est pas une mouche, c'est une bête à bon Dieu, répond gravement René.

Les enfants s'assiéent sur l'herbe, René regarde autour de lui : la forêt est bien belle, on est au printemps et les arbres sont couverts de feuilles ; les insectes bourdonnent et les oiseaux chantent gaîment.

Prions !

René est saisi d'un vague sentiment d'admiration qu'il veut faire partager à sa sœur.

— Regarde, dit-il, c'est le bon Dieu qui a fait tout cela.

Marguerite réfléchit. Il se fait dans sa petite tête un grand travail : elle associe l'idée de Dieu à celle de la reconnaissance qu'on lui doit, et joignant les mains :

— *Prions*, dit-elle.

---

42. — Mon déjeuner!

Mathilde a toutes sortes de bonnes qualités, mais malheureusement ces qualités sont gâtées par un vilain défaut : Mathilde n'est pas polie!

Si elle passe devant une personne, elle se garde bien de dire pardon.

Quand maman lui donne le matin son déjeuner, Mathilde ne dit pas seulement merci.

Mathilde n'a, il est vrai, que cinq ans, mais comme sa maman pense qu'il n'est jamais trop tôt pour apprendre à être polie, elle a résolu de la corriger.

L'autre jour, la petite fille descend déjeuner.

— Mon déjeuner, maman, dit-elle.

Maman ne répond rien.

Mathilde répète sa demande un peu plus haut.

S'il te plait! maman.

— Tu n'entends donc pas, maman ?

— Tiens, dit maman, c'est à moi que tu parlais sur ce ton impoli : « Mon déjeuner ! » Depuis quand les petites filles donnent-elles des ordres à leur maman ?

Mathilde rougit beaucoup.

— S'il te plaît, maman, veux-tu me donner mon déjeuner?

— A la bonne heure! dit maman, en embrassant sa fille.

PREMIER RÉCIT SUR LES DEVOIRS ENVERS LA PATRIE

43. — Tu seras soldat!

Ran, tan, plan! Ran tan plan! Ran tan plan!

— Vite, courons, dit Maurice, c'est le régiment.

— Tu aimes donc bien les soldats? demande papa.

— Oh! oui, papa.

— Pourquoi?

Maurice reste silencieux. Il sait bien, vaguement, que les soldats sont là pour défendre le pays, et il a entendu parler de la Patrie. Cependant, il ne comprend pas l'émotion qui s'empare de lui chaque fois qu'il voit le régiment.

— Tu aimes bien toute ta famille, n'est-ce pas? lui dit papa, et si tu la voyais attaquée, alors que tu es encore trop petit pour la défendre, tu aimerais bien aussi celui qui risquerait sa vie pour la sauver?

Eh bien! la patrie, c'est la grande famille, et les soldats risquent leur vie pour nous protéger tous.

Honneur donc au soldat, mon enfant!

Tu seras soldat!

— Papa, quand je serai grand, je serai soldat!

— Oui, mon enfant, à vingt et un ans, tu seras soldat, comme tous les Français le doivent être, et j'espère que *tu combattras avec courage pour notre chère France.*

44. — Petite sœur est malade !

La petite sœur de Philippe est bien malade, et son frère en est si désolé qu'il ne la quitte pas d'une minute.

C'est bien triste, en effet, d'avoir sa petite sœur malade, mais c'est encore bien plus triste quand on sait qu'elle souffre par votre faute, et quand on a, comme Philippe, de graves reproches à s'adresser !

Voici l'histoire : l'autre jour, la mère de Philippe sort en lui recommandant de bien

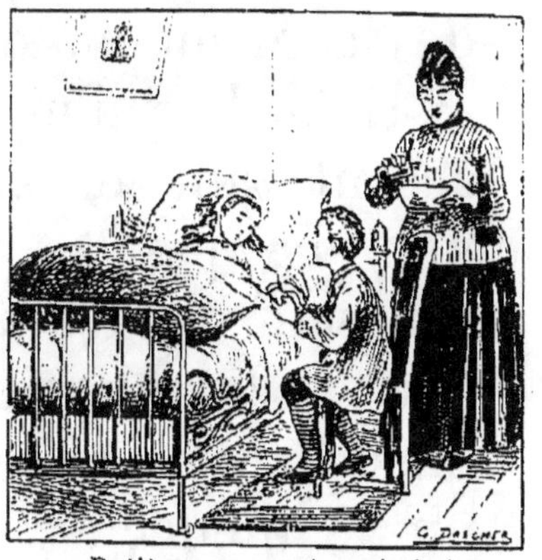

Petite sœur est malade !

soigner sa petite sœur Suzette et surtout de ne pas la laisser sortir par le froid, car elle tousse légèrement.

Philippe promet.

Mais bientôt il s'entend appeler, il

ouvre la fenêtre et regarde : tous ses camarades sont là, ils s'amusent à se jeter des boules de neige.

— Viens, Philippe, crient-ils, viens jouer.

— Je ne peux pas, dit Philippe.

Mais les éclats de rire qui montent par la fenêtre sont si tentants, et puis, en enveloppant bien Suzette, elle ne prendra pas froid. Et Philippe descend avec sa petite sœur, qui est enchantée de la promenade.

Hélas ! Philippe et Suzette s'amusèrent tant et si bien dans la neige, que la pauvre petite, en rentrant, toussait beaucoup plus.

Et le lendemain, comme la toux était encore plus violente, on dut faire venir le médecin : il déclara que Suzette avait une fluxion de poitrine !

Et, depuis ce jour-là, elle est couchée: son petit visage pâle fait peine à voir.

Pauvre petite Suzette, et encore aussi pauvre Philippe !

45. — La pendule de papa.

I

Petit Georges est bien malheureux !

Malgré la défense de son papa, il est entré dans le bureau et s'est amusé à remonter la pendule.

Comme Georges déploie beaucoup de force dans cet exercice, il entend tout à coup un bruit sec, comme si quelque chose venait de se briser.

Le ressort était cassé !

Le petit garçon s'enfuit du cabinet, sans avoir le courage d'aller avouer sa sottise,

Petit Georges est bien malheureux !

et, depuis ce moment, il est bien malheureux.

Il sent qu'il n'agit pas bien en exposant son père à accuser une autre personne de sa maladresse, et il entend sa conscience qui lui dit :

— Avoue, petit Georges, avoue !

La journée s'écoule longue et triste pour Georges ; vingt fois il s'est approché de son papa, mais la crainte d'être puni a toujours retenu le pénible aveu sur ses lèvres.

II

L'heure de la prière est arrivée. Agenouillé sur son petit lit, Georges la dit tout haut devant sa maman, mais, au fond de lui-même, il songe que sa prière va s'élever moins pure vers le ciel, puisqu'il a quelque chose à se reprocher.

Donnez-moi le courage d'avouer à papa !

Tout à coup, papa entre, il attend

que Georges ait fini sa prière pour l'embrasser.

Georges a fini, mais il dit tout bas quelque chose que sa maman n'entend pas.

— Répète, Georges, dit-elle.

— Oh! mon Dieu, dit Georges tout haut, en pleurant, donnez-moi le courage d'avouer à papa que j'ai cassé la pendule!

DOUZIÈME RÉCIT MORAL SUR LA FAMILLE

46. — La maison de Pierre

I

Les parents de Pierre ne sont pas riches, mais ils travaillent tant qu'ils sont parvenus à faire quelques économies.

Ils viennent de se faire bâtir une petite maisonnette en bois au bord de la route.

L'autre jour, les parents de Pierre

5.

sortent, et, comme Pierre a déjà huit ans, ils le laissent à la maison, en lui recommandant d'être bien sage et surtout de ne pas toucher au feu.

Pierre promet ; mais, une heure après le départ de ses parents, il a déjà épuisé tous les jeux.

Il s'approche alors du feu et s'amuse à enflammer de longs morceaux de bois mince qu'il fait ensuite tourner rapidement.

Les flammes tourbillonnent en formant un cercle de feu, et c'est vraiment très joli à voir.

Le petit imprudent est tellement absorbé par son jeu qu'il ne s'aperçoit pas qu'un petit morceau de bois enflammé vient de se détacher et est allé tomber sur un tas de vieux papiers.

Bientôt les papiers s'enflamment et le feu se communique aux minces cloisons.

II

En voyant les flammes qui l'entourent, Pierre s'enfuit, non sans attraper quelques brûlures.

Quand les parents rentrèrent, leur petite maison était presque détruite ; vous jugez de leur désespoir !

— Vois-tu, dit tristement le père, en montrant à Pierre les débris fumants de la maisonnette, *ta désobéissance d'une minute a causé la perte de vingt années de travail !*

Ta désobéissance d'une minute!...

---

47. — Les étrennes de Jeanne.

I

— Je voudrais bien savoir si j'aurai une poupée pour mes étrennes, disait Jeanne à sa sœur Marguerite.

— Moi, je suis presque sûre que tu auras un ménage, dit malicieusement Marguerite, pour taquiner sa sœur.

— Non, je ne crois pas; maman sait bien que je préfère une poupée, une belle poupée avec une robe de soie et un chapeau à plumes, comme une dame.

— On te donnera, au contraire, un beau ménage en porcelaine dorée.

— Non, une poupée !

— Si, un ménage ! et Marguerite éclata de rire en voyant l'air ennuyé de sa sœur.

Oh ! s'écria Jeanne exaspérée.

— Non, non, non, une poupée, tu entends, dit Jeanne, cette fois fâchée, en serrant violemment le bras de sa sœur.

— Mais tu me fais mal, dit Marguerite. Après tout, ce n'est pas ma faute, si on te donne un ménage !

— Oh ! s'écria Jeanne exaspérée, en levant la main sur sa sœur !.....

II

Mais au moment où la main de Jeanne retombait violemment sur la joue de Marguerite, la porte s'ouvrit, livrant passage à papa.

— Maintenant, Jeanne, dit-il sévèrement, vous n'avez plus besoin de chercher à savoir quelles seront vos étrennes, car non seulement vous n'en aurez pas, mais vous resterez dans votre chambre le premier janvier, afin de réfléchir aux conséquences de la colère. Quant à toi, Marguerite, comme je veux que tu perdes cette vilaine habitude de taquiner, j'attendrai les Pâques pour te donner le petit berceau de poupée que tu désirais tant.

Quand papa fut parti, les deux fillettes, en larmes, se jetèrent dans les bras l'une de l'autre.

— Pardonne-moi de t'avoir frappée, dit Jeanne.

— C'est ma faute, si je ne t'avais rien dit, tu ne te serais pas fâchée et tu n'aurais pas perdu ta poupée.

— Et toi, ton berceau.

— Écoute, ma sœur, dit gravement Marguerite, il faut que cette leçon nous profite : *prenons*, à partir d'aujourd'hui, *la résolution de n'être plus ni taquine, ni colère.*

Les deux petites filles s'embrassèrent.

---

48. — Le seau d'eau.

I

Georgette revient de la fontaine.

Georgette a huit ans, mais elle est bien petite et bien faible pour son âge,

aussi le seau qu'elle porte lui paraît-il
très lourd.

Tout à coup, il lui semble que ce
seau est beaucoup moins lourd. Elle
lève la tête et aperçoit un jeune garçon d'une douzaine d'années, qui a
saisi l'anse du seau
et qui lui aide à le
porter.

— C'est bien lourd,
ce que tu portes là,
lui dit le petit gar-
çon.

— Oh! oui, répond
Georgette.

C'est bien lourd !

— Ta maman ne t'envoie donc pas
à l'école?

— Je n'ai pas de maman!

Le petit garçon devient tout triste
en entendant cette réponse, et il regarde avec compassion la petite fille
qui continue à parler.

— Je demeure chez la fermière, là-
bas, dit-elle, en montrant de la main

une auberge cachée dans un enclos de verdure, la fermière m'a prise chez elle par charité et je lui aide à faire le ménage.

— Est-ce qu'elle t'aime bien, la fermière ?

— Elle est bonne, puisqu'elle m'a recueillie, mais je ne crois pas qu'elle m'aime. Je crois que personne ne m'aime, ajoute la petite fille, avec un découragement profond, et elle se met à pleurer.

II

— Moi, je t'aime, lui dit le petit garçon, parce que tu es malheureuse. Mais il est un être meilleur que tout le monde, qui t'aime et te protège, c'est Dieu ! Pourquoi ne songes-tu pas à lui ?

Georgette lève les yeux vers le petit garçon avec une expression de profond étonnement. Jamais, en effet, on ne lui avait appris à se tourner vers

Dieu et à le prier, mais ces simples paroles lui font bien au cœur.

On est arrivé à la porte de l'enclos.

— Il faut que je te quitte, lui dit le petit garçon. Je demeure là-bas, viens quelquefois nous voir : tu seras ma sœur et maman t'aimera comme sa fille. Chez nous, on te parlera de Dieu et on t'enseignera à le prier.

La petite fille ne trouve pas de mots pour remercier son petit ami, mais un radieux sourire vient remplacer ses larmes.

Georgette marche allègrement maintenant. Il lui semble que son seau ne pèse plus rien.

Elle marche allègrement...

Est-ce le seau de Georgette qui est moins lourd, ou son cœur qui est plus léger ?

Oh! petits enfants, *au nom du bon Dieu et de la charité, ne rencontrez jamais un enfant dans l'embarras ou dans les larmes, sans chercher à l'aider ou à le consoler.*

TABLE DES MATIÈRES

Récits sur les devoirs envers ses parents, envers autrui, envers Dieu et envers la Patrie.

SAINT-CLOUD. — IMPRIMERIE Vᵉ EUGÈNE BELIN ET FILS